BEI GRIN MACHT SICH IHR WISSEN BEZAHLT

Erfolgsfaktoren einer crossmedialen Strategie. Empfehlungen am Beispiel des TV-Auslandsmagazins "Weltspiegel"

Janine Kuhlmann

Bibliografische Information der Deutschen Nationalbibliothek:

Die Deutsche Nationalbibliothek verzeichnet diese Publikation in der Deutschen Nationalbibliografie; detaillierte bibliografische Daten sind im Internet über http://dnb.d-nb.de abrufbar.

ISBN: 9783346719539
Dieses Buch ist auch als E-Book erhältlich.

© GRIN Publishing GmbH
Nymphenburger Straße 86
80636 München

Druck und Bindung: Books on Demand GmbH, Norderstedt Germany
Gedruckt auf säurefreiem Papier aus verantwortungsvollen Quellen

Das vorliegende Werk wurde sorgfältig erarbeitet. Dennoch übernehmen Autoren und Verlag für die Richtigkeit von Angaben, Hinweisen, Links und Ratschlägen sowie eventuelle Druckfehler keine Haftung.

Das Buch bei GRIN: https://www.grin.com/document/1275298

Hausarbeit

Studiengang: **B.A. Medien- und Eventmanagement**

Semester: SS 2019

Verfasserin **Kuhlmann, Janine**

Thema: **Analyse der Erfolgsfaktoren einer crossmedialen Strategie am Beispiel des TV-Auslandsmagazins „Weltspiegel"**

Abgabedatum: 28.06.2019

Inhaltsverzeichnis

Abbildungsverzeichnis

1 Einleitung

Der Wandel der Medienwelt ist tiefgreifend, denn wer, wie und womit wir miteinander kommunizieren sind Fragestellungen, die die Unternehmen heute vor eine Herausforderung stellen.[1] Es wird immer schwieriger für eine Marke, mit dem Kunden[2] in Kontakt zu treten. Konsumenten werden durch den digitalen Wandel immer selbstbestimmter in dem was sie wann sehen möchten. Sie haben immer mehr Möglichkeiten, Markenbotschaften aus dem Weg zu gehen und den Kanal zu wechseln. Markenführer sind daher immer mehr auf die Freiwilligkeit des Konsumenten angewiesen, sich überhaupt mit den Inhalten zu beschäftigen. Das stellt die Unternehmen vor die Herausforderung ihre Inhalte mit einem möglichst großen Nutzwert für die Konsumenten zu distribuieren.[3] Diese neue Denkweise geht weit über das lineare Fernsehen hinaus. An dieser Stelle ist eine kanalübergreifende Kommunikation und zielgerichtete Ansprache in Form einer crossmedialen Strategie nötig, damit eine Marke unter anderem mit den Konsumenten in den Dialog treten kann.[4] Dies stellt aktuell eine Schlüsselkompetenz von Unternehmen dar.[5]

Die vorliegende Arbeit befasst sich mit der crossmedialen Strategie des Auslandsmagazins ‚Weltspiegel' im öffentlich-rechtlichen Programm der ARD. Ziel ist es, zu untersuchen inwieweit die Marke Weltspiegel die wesentlichen Erfolgsfaktoren für eine erfolgreiche crossmediale Strategie berücksichtigt und umgesetzt hat. Um dies zu beantworten, werden zunächst die relevanten Begriffe und wesentlichen Erfolgsfaktoren definiert, um eine Verständnisgrundlage zu schaffen. Im Folgenden wird die crossmediale Strategie des Weltspiegels erläutert. Der Fokus liegt hier auf der Themenwoche ‚Jugend in Europa'[6] anlässlich der Europawahl im Mai 2019. Darauf aufbauend folgt die Analyse der Erfolgsfaktoren, indem diese auf die spezifischen Inhalte der Themenwoche angewandt werden. Anhand der Analyse der Erfolgsfaktoren werden nachfolgend Handlungsempfehlungen abgeleitet. Ein Fazit sowie eine kritische Würdigung beschließen die Arbeit.

---

[1] Vgl. Wille, 2017, Web.
[2] Anmerkung: Aus Gründen der besseren Lesbarkeit wird nicht ausdrücklich in geschlechtsspezifischen Personenbezeichnungen differenziert.
[3] Vgl. Matt, 2018, S. 173.
[4] Vgl. Schüür-Langkau, 2014, Web.
[5] Vgl. Buhrow, 2014, Web.
[6] Anmerkung: Die Themenwoche ‚Jugend in Europa' lief im Zeitraum vom 29.04.2019 – 03.05.2019.

2 Begriffliche Abgrenzungen und grundlegende Definitionen

2.1 Crossmedia

Der Begriff ‚Crossmedia' setzt sich aus den Begriffen ‚to cross' und ‚Media' zusammen. Nimmt man diese beiden Begriffe wörtlich, so handelt es sich um das „Kreuzen der Medien".[7] Gemeint ist hiermit die gezielte, mediumübergreifende inhaltliche und gestalterische Verknüpfung von Formaten und Formatteilen.[8] Diese Art der Distribution ist auf die Medienkonvergenz und den dynamischen Wandel der Medientechnik zurückzuführen, welche dies ermöglicht hat.[9] Aus technologischer Sicht ermöglicht Crossmedia die Verbreitung eines spezifischen Inhalts über mehrere Kanäle. So ist es möglich, Inhalte im linearen Fernsehen zu konsumieren und gleichzeitig oder zeitversetzt via Smartphone, Tablet oder ähnlicher Endgeräte zu streamen.[10] Anders als bei der Konvergenz verschwimmen die Grenzen hier somit nicht, sondern werden zielgerichtet überschritten. Crossmedia ist laut Schneider also viel mehr eine unternehmensinterne Reaktion auf die unternehmensexterne Evolution der Konvergenz.[11]

Inhaltlich soll bei der Reproduktion oder Formatverlängerung desselben Inhalts über die verschiedenen medialen Kanäle ein Mehrwert für den Nutzer generiert werden. Daher ist die Auswahl der medialen Infrastruktur und Endgeräte für den Erfolg der Inhalte und redaktionellen Intention entscheidend.[12]

2.2 Crossmediale Strategie

Der Begriff der crossmedialen Strategie wird in der Literatur nicht eindeutig definiert. Diese Arbeit lehnt sich an die Definition von Sjurts. Sie definiert crossmediale Strategien als „Diversifikationsentscheidungen von Medienunternehmen, die als Zielbranchen andere Medienteilmärkte fokussieren"[13], unter Berücksichtigung des klassischen Strategiebegriffs, der für langfristig orientierte Entscheidungen eines

---

[7] Meier, 2007, S. 350.
[8] Vgl. Schüller, 2015, S. 66.
[9] Vgl. Meier, 2007, S. 351.
[10] Vgl. Schüller, 2015, S. 68, zitiert nach Jakubetz, 2012, S. 51.
[11] Vgl. Schneider/Ermes, 2013, S. 11.
[12] Vgl. Schüller, 2015, S. 67.
[13] Sjurts, 2002, S. 5.

Unternehmens steht.[14] Sjurts hat den crossmedialen Strategie Begriff noch weiter systematisiert, indem sie zwischen einer Diversifikation innerhalb der eigenen Wertschöpfungskette und dem Verhältnis zwischen Ausgangs- und Zielbranche innerhalb der Wertschöpfungskette unterscheidet. Darüber hinaus differenziert Sjurts noch zwischen dem Verwandtschaftsgrad von Ressourcen, Technologie und Risiko. So sind z. B. einige Medienteilbereiche, wie die beiden Rundfunkmärkte Hörfunk und Fernsehen, technologisch miteinander verwandt. Fernsehen und Mobilkommunikation sind dagegen nicht verwandt. Ausgehend von diesen Kriterien lassen sich drei verschiedene Diversifikationsstrategien ableiten. Die intramediäre Diversifikation beschreibt die Aktivität innerhalb der brancheneigenen Wertschöpfungskette, die intermediäre Diversifikation die Aktivität in einen anderen Medienteilbereich und die extramediäre Diversifikation die Aktivität außerhalb von Medien- und Konvergenzbranchen. Innerhalb der intermediären Diversifikation wird des Weiteren unterschieden zwischen technologisch verwandten und unverwandten Medienbereichen und der konvergenzgetriebenen intermediären Diversifikation in neue Medienteilbereiche, die erst im Zuge der technologischen Entwicklung für die Medienunternehmen zugänglich waren. In dieser Arbeit wird vorrangig die unverwandte und konvergenzgetriebene intermediäre Diversifikation thematisiert, die auch nach Sjurts im klassischen Sinne einer crossmedialen Strategie entspricht (siehe Anhang A, Seite V).[15]

Das Ziel einer crossmedialen Strategie ist, vorhandenen Content und Markenbotschaften nicht nur über die verschiedenen medialen Kanäle zu distribuieren, sondern auch zu vermarkten und somit die Reichweite und die Qualität der Zielgruppenansprache qualifiziert zu steigern, indem neue bzw. weitere spezifische Zuschauergruppen gezielt über die verschiedenen Medien angesprochen und an die Marke gebunden werden.[16] Besonders geeignet ist eine crossmediale Strategie dann, wenn sich die Zielgruppe intensiver mit einem Thema auseinandersetzen soll.[17] Indem die Medienunternehmen unter anderem die Synergien auf Prozessebene nutzen, können zudem wirtschaftliche Potenziale ausgeschöpft und die Verhandlungsmacht und Wettbewerbsposition kann gestärkt werden.[18]

---

[14] Vgl. Sjurts, 2002, S.5, zitiert nach Andrews, 1971.
[15] Vgl. Sjurts, 2002, S. 5 f.
[16] Vgl. Radkte, 2010, S. 58.
[17] Vgl. Boenigk/ Stalder, 2014, S. 39.
[18] Vgl. Sjurts, 2011, S. 94 f.

2.3 Öffentlich-rechtlicher Rundfunk

Das duale Rundfunksystem in Deutschland beruht auf zwei Säulen, dem öffentlich-rechtlichen und dem privaten Rundfunk.[19] Diese Arbeit bezieht sich jedoch nur auf den öffentlich-rechtlichen Rundfunk. Dieser hat den „verfassungsrechtlich vorgegebenen Auftrag, einen Beitrag zur individuellen und öffentlichen Meinungsbildung zu leisten und derart zu einem funktionierendem demokratischen Gemeinwesen beizutragen."[20] Zum öffentlich-rechtlichen Rundfunk gehören die Programme ‚Das Erste' und ‚ZDF' mit jeweils drei Spartensendern[21], sowie sechs weitere Sender. Ebenfalls zählen neun Landesrundfunkanstalten (u. a. WDR, SWR und NDR) dazu (siehe Anhang B, Seite VI). Der öffentlich-rechtliche Rundfunk wird heute zu 80%[22] über den Rundfunkbeitrag finanziert und die Sendeanstalten liegen als ‚Anstalten des öffentlichen Rechts' weder in der Hand des Staates noch sind sie privatwirtschaftlich organisiert. Sie verwalten sich selbst und sind ausschließlich dem Gemeinwohl verpflichtet.[23] Seinen gesetzlichen Sendeauftrag kann der öffentlich-rechtliche Rundfunk nur durch Unabhängigkeit der Sender erfüllen. Zum Sendeauftrag gehört folgendes:[24]

- Eine Grundversorgung in den Themenbereichen Information, Bildung, Beratung, Unterhaltung und Kultur bieten.

- Zur Meinungsbildung und Entscheidungstreffung beitragen.

- Eine vielfältige Programmplanung für alle gesellschaftliche Gruppen anbieten.

- Binnenpluralität: Jeder öffentlich-rechtlicher Sender trägt die Verantwortung für ein vielfältiges Programm mit einem ausgewogenem Meinungsspektrum.

- Der Rundfunkbeitrag leistet den Beitrag, dass niemand sich das Recht erkaufen kann, über Fernsehen und Radio bestimmen und Inhalte beeinflussen zu können.

Die Programmangebote der Öffentlich-Rechtlichen sind für alle Bürger frei zugänglich und stehen ihnen unverschlüsselt zur Verfügung. Mit seinem vielfältigen Angebot (vorwiegend qualitativ hochwertige und journalistische Beiträge) bietet der öffentlich-rechtliche Rundfunk Bürgern aller Bevölkerungsschichten und Altersgruppen in

---

[19] Vgl. ARD, 2015, Web.
[20] Ebd.
[21] Anmerkung: Spartenkanäle sind Rundfunkprogramme, die sich auf spezielle Themen, Formate oder Zielgruppen spezialisieren (vgl. WDR, o. J., S.1).
[22] Vgl. Piepenbrink, 2009, S. 2.
[23] Vgl. ARD, 2015, Web.
[24] Vgl. WDR, o. J., S. 1.

Hörfunk, Fernsehen und im Internet die Möglichkeit einer Teilhabe an einer freien demokratischen Meinungsbildung und trägt zur publizistischen Meinungsvielfalt in Deutschland bei. Durch die Digitalisierung liegt auch die Verbreitung von Sendungen und Informationen über das Internet zur mobilen und zeitunabhängigen Nutzung (druch Onlineangebote[25]) im Auftrag der Öffentlich-Rechtlichen.[26]

2.4 Erfolgsfaktoren

Erfolgsfaktoren sind Einflussfaktoren, die wesentlich zum Erreichen der Unternehmensziele beitragen. Somit haben sie direkten Einfluss auf den Erfolg des Unternehmens. Die Identifikation der relevanten Erfolgsfaktoren, sowie das Aufzeigen der dabei auftretenden Wirkungszusammenhänge ist zum Erreichen der Ziele von zentraler Bedeutung. Ziel der Erfolgsfaktorenforschung ist das Ableiten von Handlungsempfehlungen und die positive Beeinflussung der Faktoren durch betriebswirtschaftliche Maßnahmen.[27]

Um den Erfolg einer crossmedialen Strategie analysieren zu können, werden in den folgenden Kapiteln die wesentlichen Erfolgsfaktoren definiert.

2.4.1 Synergieeffekte

Synergien lassen sich in der Regel durch Einsparungspotenziale auf Kostenseite begründen oder durch Umsatzpotenziale, die durch das Zusammenwirken mehrerer separater Faktoren entstanden sind.[28]

Durch die Mehrfachnutzung einmal produzierten Contents treten innerhalb einer crossmedialen Strategie Synergieeffekte in Form von Kosteneinsparung auf. Zudem werden über die Markenverlängerung über die unterschiedlichen Plattformen Synergieeffekte in Form von Umsatzpotenzialen ausgelöst, da die Wirkung zwischen den Medien multipliziert werden und dies zusätzliches wirtschaftliches Potenzial schaffen kann.[29] So können sich die verschiedenen Medienteilbereiche, sowohl online als auch offline, gegenseitig bestärken und das Kommunikationsbudget kann

---

[25] Anmerkung: Die Onlineangebote der ARD umfassen die Mediathek und Audiothek sowie besondere Angebote zu Nachrichten, Sport- und Wirtschaftsinformationen. Ebenfalls gibt es spezielle Kanäle für Kinder und Jugendliche wie ebenso ein Onlineangebot der ARD-Landesrundfunkanstalten (vgl. ARD, 2019, Web).

[26] Vgl. ARD, 2015, Web.

[27] Vgl. Kollmann, 2005, S. 124 ff.

[28] Vgl. Englert, 2002. S. 203.

[29] Vgl. Mahrdt, 2009, S. 198.

optimiert werden.[30] Dies wird unterstützt von der Relevanz, den Nutzer über den Tag hinweg kanalübergreifend mit einer Marke zu begleiten.[31] Darüber hinaus werden Synergieeffekte ausgelöst, sobald der Konsument in Interaktion mit der Marke bzw. anderen Konsumenten tritt.[32] Hierbei werden versucht Effektivitätseffekte zu realisieren, die eine höhere Bekanntheit und positivere Einstellung zur Marke erzielen sollen.[33]

2.4.2 Leistungsbündelung

Die Leistungsbündelung ist zum einen ein wichtiger Erfolgsfaktor bei der Etablierung neuer Kanäle und zum anderen bei der Durchsetzung einer integrierten Crossmedia Strategie wichtig, um den veränderten Nutzungspräferenzen der Nutzer gerecht zu werden. In diesem Fall sind unterschiedliche Medienformate gemeint, die in mediale Angebotspakete kombiniert und in verschiedene Produkte innerhalb einer crossmedialen Kampagne bzw. Strategie unterteilt werden. Die Produkte der verschiedenen Kanäle werden dann von Unternehmen zur gemeinsamen Vermarktung gebündelt.[34] Die Bedienung der Nachfrage auf verschiedenen Märkten (vor allem auf dem Werbe- und Rezipientenmarkt) stellt Unternehmen vor eine angebotsseitige Herausforderung, da „darin die besondere Komplexität der Leistungsbündelung liegt."[35]

2.4.3 Storyline

Eine Storyline hilft dabei, die Inhalte zu ordnen und einen Spannungsbogen zu erzeugen. Dabei soll die Aufmerksamkeit des Rezipienten gesichert werden.[36]
Die Storyline bzw. Leitidee bietet die Grundlage einer crossmedialen Strategie und findet sich in jedem Medium kanalübergreifend wieder,[37] um ein konsistentes Erscheinungsbild für die Zielgruppe zu erzeugen.[38] Sie orientiert sich am Storytelling und versucht eine Emotionalisierung der Botschaften zu bewirken. Geprägt wird die Storyline oftmals von folgenden Phasen: Agendasetting bzw. Sensibilisierung,

---

[30] Vgl. Matt, 2018, S. 178, zitiert nach Naik/ Peters, 2009, S. 289.
[31] Vgl. Englert, 2002, S. 206 ff.
[32] Vgl. Matt, 2018, S. 178, zitiert nach Schultz/ Block/ Raman, 2012, S. 173.
[33] Vgl. Hoffjann, 2018, S. 54.
[34] Vgl. Wirtz, 2016, S. 62, 903.
[35] Kolo, 2013, S. 199.
[36] Vgl. Rödiger, 2015, S. 20.
[37] Vgl. Boenigk/ Stalder, 2014, S. 39.
[38] Vgl. Bruhn, 2006, S. 127.

Verbreitung bzw. Aktivierung, Emotionalisierung bzw. Interaktion, Vertiefung und Kauf (siehe Anhang C, Seite VII). In der ersten Phase oder Phase des Agendasettings wird vor allem durch Multiplikatoren das Interesse am Thema der Story in der Öffentlichkeit geweckt. In der Phase der Aktivierung soll die Zielgruppe von der Story berührt und zur Interaktion motiviert werden. In der darauffolgenden und dritten Phase der Emotionalisierung soll sich die Zielgruppe so intensiv mit der Story befassen, dass positive Emotionen gegenüber der Marke entstehen. In der Phase der Vertiefung bzw. des Kaufs geht es dann darum, den Kunden an die Marke zu binden und zu einer vertieften Informationsaufnahme zu motivieren.[39]

2.4.4 Kommunikative Klammer

Innerhalb der crossmedialen Strategie ist neben der Leitidee auch die inhaltliche Gestaltung wichtig. Um die Wiedererkennbarkeit und Erinnerungswirkung zu unterstützen, werden einige wenige gestalterische Elemente wie z. B. ein Schlüsselbild, ein Protagonist, ein Claim oder gesprochene, gesungene oder geschriebene Programmformeln eingesetzt.[40] Elemente, die der Storyline zugeordnet werden können sind hierfür besser geeignet als Corporate Identity Elemente.[41]

2.4.5 Channel Customer Fit

Mit dem Erfolgsfaktor Channel Customer Fit ist die Planung einer zielgruppengerechten Kanalausgestaltung gemeint, bei der der Kanal zur Zielgruppe passt.[42] Es lässt sich zwischen einer erweiterten und einer differenzierten Zielgruppenbetrachtung unterscheiden. Bei der erweiterten Zielgruppenansprache werden aufgrund von Interaktionszielen genaue Zielgruppenkenntnisse benötigt, welche sich gut über den ‚Personas-Ansatz‘ aufbereiten lassen. Es werden ca. vier „typische Personen der Zielgruppe im Detail hinsichtlich ihres soziodemografischen Profils, psychografischer Kriterien sowie ihres Verhaltens im marken- und medienspezifischer Sicht dargestellt."[43] Neben diesen Kernzielgruppen werden aber auch wesentliche Meinungsmultiplikatoren bzw. Online-Influencer identifiziert. Bei der differenzierten Zielgruppenansprache erfolgt hingegen eine Differenzierung des

---

[39] Vgl. Matt, 2018, S. 184 f.
[40] Vgl. Mahrdt, 2009, S. 20.
[41] Vgl. Boenigk/ Stalder, 2014, S. 39.
[42] Vgl. Wirtz, 2016, S. 904.
[43] Boenigk/ Stalder, 2014, S. 39.

Storytellings angepasst auf die verschiedenen Nutzersegmente sowie eine Untergliederung in verschiedene Zielphasen:[44]

- Phase 1: Schaffung von Aufmerksamkeit und Gefallen an der crossmedialen Kampagne bzw. Strategie bei einer breiten Zielgruppe.

- Phase 2: Mit Hilfe von medialen Inszenierungen die aktiven Segmente der Zielgruppe engagieren und mittels geeigneter Mitbestimmungsangebote die Botschaft in die eigenen sozialen Netzwerke führen.

- Phase 3: Botschaften Inszenieren, sodass Kernzielgruppe langfristig an das Unternehmen gebunden wird.

2.4.6 Multiple Kundenbindung

Nur wenn Kunden über mehrere Kanäle gleichzeitig an ein Unternehmen gebunden werden, lässt sich eine crossmediale Strategie aufbauen. Durch die Leistungsbündelung in Form von crossmedialen Informations- und Kommunikationsangeboten werden zuvor singuläre Kundenbindungen in multiple Kundenbindungen umgewandelt. Durch die Veränderung der Präferenzstruktur der Nutzer ergeben sich für Unternehmen neue Absatzsteigerungspotentiale sowie Netzwerkeffekte.[45] Die multiple Kundenbindung kann so als Folge der Leistungsbündelung gesehen werden und hat das Bereitstellen von integrierten Leistungspaketen für den Kunden als Ziel.[46]

3 Die crossmediale Strategie des TV-Auslandsmagazins Weltspiegel

Das vielfältige, regionale und national ausgerichtete Spektrum der Programmangebote der ARD steht allen gesellschaftlichen Gruppen zur Verfügung und hat damit die Absicht, „die Vielfalt gesellschaftlichen Lebens widerzuspiegeln und den Zusammenhalt des Gemeinwesens wie auch die Integration in Deutschland und Europa zu fördern."[47] Dazu gehört es auch im Programmangebot regionale, nationale und internationale Thematiken aufzugreifen.[48] Das TV-Auslandsmagazin Weltspiegel ist für die internationale Thematik ein gutes Beispiel. Als Auslandsmagazin ist es auf

---

[44] Vgl. Boenigk/ Stalder, 2014, S. 39.
[45] Vgl. Wirtz, 2016, S. 904 ff.
[46] Vgl. Wirtz, 2000, S. 299.
[47] ARD, 2015, Web.
[48] Vgl. ebd.

Korrespondentenberichte und -reportagen aus aller Welt spezialisiert, denn die ARD hat mit 31 Auslandsstudios und über 100 Korrespondenten eines der größten Korrespondentennetze der Welt. Wöchentlich (sonntags 19:20 Uhr) wird das Format Weltspiegel in der ARD ausgestrahlt. Es ist das älteste Auslandsmagazin im deutschen Fernsehen und hat erst Anfang 2019 sein Design verändert und sich mit einer crossmedialen Strategie „bildstark, transparent, die lineare und digitale Welt verbindend"[49] auch für die kommenden Jahre breit aufgestellt. Neben der wöchentlichen Sendung hat der Weltspiegel durch einen wöchentlichen Audiopodcast seine multimediale Kompetenz erweitert. Der 30-minütige Podcast ist jeden Sonntag auf der Webseite (weltspiegel.de[50]) und in der ARD-Audiothek abrufbar. Hierbei wird der Fernsehbeitrag komprimiert und aus mehreren Blickwinkeln vertieft. Für das journalistische Produkt ‚Podcast' arbeiten sowohl Hörfunk als auch Fernsehen eng miteinander zusammen, denn so wird die besondere Auslandkompetenz der ARD genutzt.[51] Neben dem Audiopodcast gibt es ebenso die Produkte ‚Weltspiegel-Reportage' und ‚Weltspiegel extra'. Bei der halbstündigen Reportage wird an ausgewählten Samstagen über aktuelle Themen berichtet, welche nicht in der wöchentlichen Sendung gezeigt werden. Beim 15-minütigen Format ‚Weltspiegel extra' hingegen berichten ARD-Auslandskorrespondenten in einer Sondersendung zu aktuellen Ereignissen aus dem Ausland, die von großer Relevanz und Tragweite sind (z. B. Notre-Dame nach dem Feuer).[52] Darüber hinaus ist Weltspiegel mit seinen internationalen Themen auch auf diversen Social Media Plattformen (Twitter, Facebook, YouTube und Instagram) vertreten. Die vorwiegend journalistischen Inhalte werden hierbei plattformspezifisch und der Zielgruppe entsprechend aufbereitet, sodass sich insgesamt eine größere Zielgruppe mit den Auslandsnachrichten auseinandersetzt. Im Allgemeinen führt dies zu einer Verjüngung des altbewährten Formats Weltspiegel.[53] Das Ziel der crossmedialen Strategie ist es, aus einer bereits etablierten Dachmarke ein neues, aktualisiertes Format zu schaffen, das auch für eine breite und jüngere Zielgruppe zugänglich ist. Der bereits vorhandene journalistische Content wird im Zuge dessen über verschiedene mediale Formate (z. B. Audiopodcast) und Social Media (z. B. Instagram und Facebook) sorgfältig aufbereitet und dem Format und seinen Nutzern

---

[49] ARD, 2019a, Web.
[50] Anmerkung: Auf der Webseite sind sowohl alle TV-Beiträge als auch die Reportagen, Podcasts, Dokumentationen und Specials abrufbar.
[51] Vgl. ARD, 2019a, Web/ Vgl. Die ARD, 2019, Web.
[52] Vgl. ARD, 2017/2018, S. 23.
[53] Vgl. ARD, 2019a, Web.

entsprechend angepasst. Ein weiteres Ziel ist es die Online-Angebote auf der Webseite hervorzuheben und die sozialen Medien gezielt als Zusatzangebot zu nutzen.[54]

Die crossmediale Strategie des TV-Auslandsmagazins Weltspiegel lässt sich nach obiger Definition (siehe Kapitel 2.2) sowohl in die unverwandte als auch die konvergenzinduzierte Crossmedia Strategie einordnen, da die Grenzen hier sehr fließend sind und es keine harte Abgrenzung gibt. Die konvergenzgetriebene Crossmedia Strategie steht bei Weltspiegel jedoch im Vordergrund, weil sie sich hauptsächlich, und auch zukünftig noch mehr, mit dem Themenbereich des Internets auseinandersetzen muss (siehe Anhang A, Seite V).

4 Analyse der Erfolgsfaktoren am Beispiel von Weltspiegel

Wie bereits in Kapitel 2.3 erläutert wurde, gehört es zum Sendeauftrag des Öffentlich-Rechtlichen dazu, eine Grundversorgung in den Themenbereichen Information und Bildung zu bieten und zur Meinungsbildung und Entscheidungstreffung beizutragen. Die Europawahl 2019 war in der ersten Jahreshälfte in den Medien und auch bei den Öffentlich-Rechtlichen ein wichtiger Programmpunkt. Mit diesem Thema wurden die Bürger auch im Programmangebot (diverse politische Talkshows und Sondersendungen[55]) der ARD konfrontiert, welche zur Meinungsbildung und Entscheidungstreffung beitrugen. Dadurch, dass die Wahlbeteiligung 2014 insbesondere bei jungen Menschen bestürzend niedrig war[56], hat sich auch der Weltspiegel dieses Jahr der Thematik angenommen und über die verschiedenen Kanäle hinweg eine crossmediale Strategie entwickelt, die insbesondere die jüngere Generation ansprechen und zum Wählen gehen motivieren sollte.

Im Folgenden werden die Erfolgsfaktoren hinsichtlich der crossmedialen Strategie zum Thema ‚Jugend in Europa' am Beispiel von Weltspiegel analysiert.

4.1 Synergieeffekte

Innerhalb der crossmedialen Strategie des ARD Formats Weltspiegel treten Synergieeffekte in Form der Mehrfachnutzung einmal produzierten Contents auf. Das

---

[54] Vgl. ARD, 2017/2018, S. 92.
[55] Vgl. WDR, 2019, S. 13.
[56] Vgl. Weltspiegel, 2019g, Facebook online.

Ausgangsmedium stellt hier der acht-minütige Bericht[57]: ,Europa: Sind junge Menschen die Zukunft der EU?' in der Sendung des Weltspiegels im linearen Fernsehen vom 05.05.2019 um 19:20 Uhr im Programm ,Das Erste' dar. Noch am selben Tag veröffentlichte der Sender auf der Webseite den achtminütigen Bericht und die vollständige 37-minütige Sendung in der ARD Mediathek.[58] Auf Twitter gab es außerdem vier Tage vor dem eigentlichen Bericht einen ein-minütigen Einblick zum Beitrag zur Themenwoche ,Jugend in Europa'.[59] Vier Tage nach dem Sendetermin wurde der Bericht und die vollständige Sendung zudem auf dem Weltspiegel YouTube Kanal veröffentlicht.[60] Hierbei handelt es sich um eine Mehrfachverwertung, für die kaum bis keine zusätzlichen Kosten entstanden sind, da bereits produzierter Content über die verschiedenen Kanäle distribuiert wurde und somit die Synergien auf Prozessebene genutzt werden.[61]

Neben dem Bericht im linearen Fernsehen wurde thematisch noch ein Podcast ,Weltspiegel-Podcast (18): Jugend in Europa' zur Sendung am 05.05.2019 produziert und auf der Webseite[62] und via Twitter veröffentlicht.[63] Dadurch, dass sich die Medien untereinander bestärken können, treten hier Multiplikationseffekte ein.[64]

Auf dem Instagram und Facebook Profil des Weltspiegels[65] wurde das Thema ,Jugend in Europa' anders aufbereitet, als im Ausgangsmedium. Hier wurden sowohl jüngere als auch ältere Menschen aus der EU zu ihrer Meinung hinsichtlich ihrer Einstellung zur EU befragt.[66] Bevor die Meinung der Befragten bekannt gegeben wird, wird der Rezipient in der Instagram Story, über die Umfrage-Funktion dazu aufgefordert selbst einzuschätzen, ob der Befragte aus diesem Mitgliedsland für oder gegen die EU ist. Durch diese Form der Distribution schafft Weltspiegel es, Synergieeffekte durch die Interaktion der Rezipienten mit der Marke Weltspiegel auszulösen.[67]

Da sich das Unternehmen ARD bzw. die Marke Weltspiegel generell auf frei zugängliche und nicht privatwirtschaftlich orientierte Inhalte und Themen fokussiert

---

[57] Vgl. ARD Mediathek, 2019a, Web. Anmerkung: Alle folgenden Nennungen der Kanäle für die crossmediale Strategie des Weltspiegels beziehen sich auf die Fußnoten in diesem Kapitel.
[58] Vgl. ARD Mediathek, 2019b, Web.
[59] Vgl. Weltspiegel, 2019a, Twitter online
[60] Vgl. Weltspiegel, 2019b, YouTube online
[61] Vgl. Sjurts, 2011, S. 94 f.
[62] Vgl. ARD Mediathek, 2019c, Web.
[63] Vgl. Weltspiegel, 2019c, Twitter online
[64] Vgl. Mahrdt, 2009, S. 198.
[65] Vgl. Weltspiegel, 2019d, Facebook online
[66] Vgl. Weltspiegel, 2019e, Instagram online
[67] Vgl. Matt, 2018, S. 178, zitiert nach Schultz/ Block/ Raman, 2012, S. 173.

und insgesamt zu den öffentlich-rechtlichen Rundfunksendern zählt, liegen die Synergieeffekte generell eher weniger auf den Umsatzpotenzialen, sondern mehr auf denen der Kosteneinsparung bzw. auf Effektivitätseffekten, die eine größere Bekanntheit und positivere Einstellung und Handlungsbereitschaft der Rezipienten gegenüber der Marke Weltspiegel schaffen sollen.[68]

4.2 Leistungsbündelung

Der Ausgangsbericht wurde wie bereits zuvor erwähnt in der Sendung vom 05.05.2019 ausgestrahlt. Die ganze Sendung ist auf der Weltspiegel Webseite und in der ARD Mediathek wiederzufinden. Der Bericht war jedoch nur ein ca. achtminütiger Beitrag der ganzen Sendung, bei der ebenfalls noch weitere Themen aus anderen Ländern[69] behandelt wurden. Gebündelt (in 8 Minuten) wurde der Bericht gleichermaßen auf der Weltspiegel Webseite, in der ARD Mediathek und auch auf der Social Media Plattform YouTube zur Verfügung gestellt.

Im Rahmen eines ARD Projektes wurde die Weltspiegel Story unter dem Titel ‚Europas Jugend – Europas Zukunft?' nochmal aufgegriffen und für das Programm ‚Das Erste'[70] und die Video-Plattform YouTube[71] umfangreicher im Form einer Dokumentation aufbereitet. Anders, als beim Weltspiegel wurde von ‚Das Erste' nicht nur Facebook[72] sondern auch Instagram[73] als Social Media Kanal für diese Dokumentation mit jeweils einem Post bespielt.

4.3 Storyline

Die Leitidee innerhalb der crossmedialen Strategie stellt das Oberthema: ‚Jugend in Europa' dar und ist zu dem Zeitpunkt anlässlich der bevorstehenden Europawahl im Mai 2019 hochaktuell. Sie bietet die Grundlage für die Inhalte und findet sich kanalübergreifend in jedem Medium wieder. Innerhalb dieser Storyline bzw. Leitidee sind die folgenden vier Phasen erkennbar: Agendasetting bzw. Sensibilisierung, Verbreitung bzw. Aktivierung, Emotionalisierung bzw. Interkation und die Vertiefung (siehe Anhang C, Seite VII). In der ersten Phase des Agendasettings bzw. der

---

[68] Vgl. Hoffjann, 2018, S. 54.
[69] Anmerkung: Weitere Themen, die in der Sendung am 05.05.2019 behandelt wurden waren u. a. ‚Operation Freiheit' gescheitert? (Venezuela) und ‚Die höchste Stadt der Welt' (Peru).
[70] Vgl. ARD Mediathek, 2019d, Web.
[71] Vgl. ARD, 2019b, YouTube online.
[72] Vgl. ARD, 2019c, Facebook online.
[73] Vgl. ARD, 2019d, Instagram online.

Sensibilisierung werden die Rezipienten mit der Multiplikatorin Diana zu Löwen konfrontiert, die das Interesse der Zielgruppe am Thema ‚Europawahl' in der Öffentlichkeit wecken soll. Die Verbreitung bzw. Aktivierung erfolgt anschließend größtenteils über die Distribution der Inhalte über die verschiedenen Kanäle, wodurch eine breite Zielgruppe angesprochen, und zum Wählen gehen animiert werden soll. Vertieft wird dies in der Phase der Emotionalisierung bzw. der Interaktion, in der die Rezipienten über mehrere Tage hinweg über die Instagram Story des Weltspiegels aktiv dazu aufgefordert werden über die unterschiedlichen Situationen der Menschen in der EU nachzudenken, indem sie ihre eigene Einschätzung über die Position der Befragten zur EU über die Umfrage-Funktion der Instagram Story abgeben sollen (siehe Anhang D, Abbildung 4, Seite VIII). Dadurch schafft es Weltspiegel, mit den Rezipienten in den Dialog zu treten und eine emotionale Bindung aufzubauen. Hier entsteht außerdem ein fließender Übergang zur letzten und vierten Phase: die Vertiefung. Durch die Konfrontation der einzelnen Schicksale und Situationen der Menschen aus den einzelnen Mitgliedsländern wird der Rezipient dazu motiviert sich intensiver mit der Thematik auseinanderzusetzen und kann so an die Marke Weltspiegel gebunden werden.

Insgesamt wird über diese Art des Erzählens versucht, die Kernbotschaft ‚wählen zu gehen' zu emotionalisieren und die Aufmerksamkeit der Rezipienten während der kanalübergreifenden Distribution der Inhalte zu sichern.[74]

4.4 Kommunikative Klammer

Um die Wiedererkennbarkeit und Erinnerungswirkung innerhalb der crossmedialen Strategie zu unterstützen verwendet das Unternehmen für seine Themenwoche ‚Jugend in Europa' verschiedene gestalterische Elemente. So wird für den Beitrag auf fast allen Kanälen dieselbe Protagonistin gezeigt. Sprich im linearen Fernsehen, in der ARD Mediathek, auf YouTube und auf Twitter werden die Rezipienten mit der Influencerin Diana zu Löwen[75] konfrontiert (siehe Anhang D, Seite VIII f.). Wohingegen die Beiträge auf Instagram bzw. Facebook inhaltlich neu aufbereitet wurden und die Influencerin auf diesen Kanälen nicht mehr zu sehen ist (siehe Anhang D, Seite X f.). Hier wird das Thema durch Fragestellungen wie ‚Beweg(t) dich Europa(?)', ‚In or Out?' oder auf Facebook durch die Überschrift: ‚Faces of Europe'

---

[74] Vgl. Vgl. Boenigk/ Stalder, 2014, S. 39.
[75] Anmerkung: Diana zu Löwen ist eine Influencern aus Köln mit Schwerpunkt Mode und Kosmetik. Auf Instagram folgen ihr gut 750.000 Fans. Sie macht über ihren Kanal ehrenamtlich Werbung für die Europawahl aus Brüssel (vgl. Das Erste, 2019, Web).

aufgegriffen, die zwar an den Ausgangstitel erinnern, ihn aber nicht wortwörtlich wiedergeben. Auch der Podcast nimmt nur einen Teil des Titels auf: ‚Weltspiegel-Podcast (18): Jugend in Europa' (siehe Anhang D, Abbildung 10, Seite XI). Da es sich jedoch um eine Themenwoche handelt und die Inhalte neu aufbereitet wurden sind die verschiedenen Titel legitim, da sie insgesamt thematisch zueinander passen. Neben den zum Teil verwendeten inhaltlichen Mitteln bedient sich das Unternehmen kanalübergreifend an einem einheitlichen Design-Layout. So ist stets die Schriftart und -farbe unten im Bild und die rote Linie rechts im Bild übereinstimmend. Stimmig zur Europawahl wurde zudem fortwährend die blaue Europaflagge mit ihren zwölf goldenen Sternen als Schlüsselbild in allen Beiträgen in jeglicher Form gezeigt (siehe Anhang D). Eine einheitliche Titelmelodie ist lediglich für das Ausgangsmedium erkennbar, diese findet sich im linearen Fernsehen, in der ARD Mediathek und auf YouTube wieder. Auf den sozialen Netzwerken werden für die neu aufbereiteten Formate neue einheitliche Melodien genutzt. So ist das ‚In or Out?' Format in der Instagram Story von den gestalterischen Elementen immer gleich aufgebaut.

4.5 Channel Customer Fit

In Kapitel 4.2 wurde bereits verdeutlicht, dass verschiedene Kanäle genutzt werden. Die zielgruppengerechte Kanalausgestaltung und -nutzung hat den Hintergrund, dass mit jedem einzelnen Kanal unterschiedliche Zielgruppen angesprochen werden und diese so zu einer funktionierenden Crossmedia Strategie beitragen. Wie im Grundlagenteil (siehe Kapitel 2.4.5) erklärt wurde, wird ferner zwischen einer erweiterten und einer differenzierten Zielgruppenbetrachtung unterschieden. Neben der Ansprache der Kernzielgruppe (vorwiegend die unter 24-Jährigen), wurde bei der Themenwoche ‚Jugend in Europa' auf Facebook und Twitter u. a. die Influencerin Diana zur Löwen als Meinungsmacherin mit ins Storytelling eingebunden. Auf ihren Social Media Kanälen wirbt sie eigentlich für Mode und Kosmetik, engagiert sich aber auch für das Thema Politik (siehe Anhang E, Seite XII). Mit der Europa Kampagne macht sie sich dafür stark, dass auch die junge Bevölkerung ihr Wahlrecht in der EU nutzt.[76]

Das Storytelling ist ebenfalls den unterschiedlichen Social Media Plattformen und Nutzersegmenten angepasst und erfolgt über verschiedene Stufen. Der journalistische Inhalt wird etwa für Instagram deutlich anders aufbereitet, als für die Webseite oder Facebook. Die erste Stufe des Storytellings umfasst beispielsweise

---

[76] Vgl. Dianazurloewen, 2019a, Instagram Online.

auf Facebook und Twitter die Themenwoche „Jugend in Europa', um damit die Aufmerksamkeit an der crossmedialen Weltspiegel Strategie bei einer breiten, jungen Zielgruppe zu erreichen. Danach folgte die Ausstrahlung des Berichts in der ARD, sowie das nahezu gleichzeitige hochladen der gebündelten Version auf den Social Media Plattformen und der Webseite, sodass die zentrale Botschaft in die sozialen Netzwerke überführt werden kann. In der letzten Stufe des Storytellings wurde die Botschaft dann noch über den Podcast und einen weiteren Post transportiert, indem die junge Kernzielgruppe auch langfristig an das Format Weltspiegel gebunden wird.

4.6 Multiple Kundenbindung

Die vorherigen Kapitel haben gezeigt, dass für eine crossmediale Strategie die Nutzung verschiedener Kanäle und eine Aufbereitung bzw. Anpassung des Contents für die jeweilige Zielgruppe nötig ist. Darüber hinaus ist es natürlich wichtig, seine Kunden über verschiedene Kanäle hinweg gleichzeitig zu binden. Diese Bindung baut Weltspiegel zum einen über das Onlineangebot der Webseite und zum anderen über die verschiedenen Social Media Kanäle auf. Der Fokus liegt jedoch bei Facebook und Instagram, denn eine Onlinestudie der Öffentlich-Rechtlichen hat gezeigt, dass Facebook über alle Altersgruppen hinweg die meistgenutzte Social Media Plattform[77] ist, danach folgt Instagram (siehe Anhang F, Seite XIV). 63% der 14- bis 29-Jährigen nutzen Facebook und 50% Instagram derweil mindestens wöchentlich.[78]. Auch beim Thema „Jugend in Europa' hat Weltspiegel seine Kunden über verschiedene Kanäle hinweg gleichzeitig an die Story gebunden. Zunächst wurde die Webseite als Medium genutzt, denn hier wurde die ganze Sendung und auch der gebündelte Beitrag nach der Ausstrahlung hochgeladen. Parallel dazu gab es einen Facebook Post mit einer direkten Verlinkung zur Weltspiegel Webseite, der auf den Beitrag aufmerksam macht. Bereits zuvor wurde sich in einer speziellen Themenwoche („Jugend in Europa') auf Facebook und Twitter mit dieser Thematik befasst, jedoch wurde es hier anders und interaktiver, als im Weltspeigel Beitrag, aufbereitet. Auch die Influencerin Diana zur Löwen macht mit einem Post auf die Dokumentation aufmerksam.[79] In einer speziellen Podcast Folge wurden Fragen zum Thema „Jugend in Europa' beantwortet und auch ein weiterer Facebook Post macht darauf aufmerksam, dass bei der letzten Europawahl nur knapp ein Drittel der unter 24-Jährigen ihr Wahlrecht genutzt hat.[80]

---

[77] Anmerkung: Die nachfolgenden Daten beziehen sich nur auf Deutschland.
[78] Vgl. ARD/ZDF, 2018, Web.
[79] Vgl. Dianazurloewen, 2019b, Instagram online.
[80] Vgl. Weltspiegel, 2019f, Facebook online.

Auf dem Instagram Kanal wurde das Thema von Weltspiegel ausschließlich interaktiv über das Storyformat (‚Europawahl') behandelt. Menschen aus verschiedenen Ländern wurden eingebunden und hinsichtlich ihrer Einstellung zur EU befragt. Etwas später wurde der gebündelte Beitrag dann auch auf der Plattform YouTube hochgeladen. In kurzen Clips wurde auf allen Social Media Kanälen mit #europaerklärt Basiswissen zur Europawahl vermittelt.[81]

5 Handlungsempfehlungen

Nach Betrachtung der relevanten Erfolgsfaktoren konnten einige Handlungsempfehlungen abgeleitet werden, um die crossmediale Strategie des Weltspiegels noch positiver zu beeinflussen.

Trotz der sehr authentischen und gerade für die jüngere Zielgruppe sehr ansprechenden Aufbereitung der Inhalte auf den Social Media Plattformen Facebook und Instagram, sowie die Befragung der Menschen aus den jeweiligen Mitgliedsländern zur Position gegenüber der EU wäre es durchaus sinnvoll gewesen gerade auch für diese Formate die Inhalte mit der Influencerin Diana zu Löwen aufzubereiten, da sich gerade dort die Zielgruppe aufhält, die sich von der Influencerin angesprochen fühlt. Außerdem hätten in die Themenwoche noch weitere Influencer (z. B. @AlexiBexi oder @kupferfuchs)[82] mit einbezogen werden können, die sich dieses Jahr auf den Social Media Plattformen und als Europawahl-Ambassador in ihrer Community für die Europawahl engagiert und stark gemacht haben. Über die zusätzlichen Influencer hätten die Inhalte eine größere Reichweite erzielen und innerhalb der Community geteilt werden können. Darüber hinaus hätten gemeinsam mit den Influencern auch Offline-Medien (z. B. in Form von Plakaten) genutzt werden können, denn eine gelungene Crossmedia-Strategie zeichnet sich gerade durch die gemeinsame Nutzung von Online- und Offline-Medien aus. Sinnvoll wäre es außerdem, wenn die genutzten Social Media Kanäle präsenter und bei den einzelnen Formaten auch entsprechend verlinkt werden, sodass der Nutzer direkt weitergeleitet wird, ohne auf den Plattformen suchen zu müssen.

Ferner noch ist es zwar legitim, dass die verschiedenen Beiträge unterschiedliche Titel haben, dennoch wäre es für den Wiedererkennungswert für die Rezipienten einfacher, wenn sie alle unter dem Oberthema ‚Jugend in Europa' deklariert würden, sodass über alle Kanäle hinweg ein deutlicher Roter Faden erkennbar wäre.

---

[81] Vgl. WDR, 2019, S. 21.
[82] Vgl. Rondinella, 2019, Web.

Zusammenfassend lässt sich sagen, dass die crossmediale Strategie anlässlich der Europawahl im Mai 2019 im Ganzen gelungen ist. Für die Strategie wurden viele verschiedene Kanäle und Elemente genutzt, somit wurde der Konsument über den Tag hinweg von der Marke begleitet und dazu motiviert sich intensiv mit der Thematik auseinanderzusetzten.

6 Fazit

Um die vorliegende Arbeit noch zu komplementieren, hätten noch weitere Erfolgsfaktoren wie zum Beispiel die Zielsetzung der Strategie oder die Planung und Kontrolle betrachtet und analysiert werden können. Aus externer Sicht ist es jedoch schwierig einen Einblick in vorherige Planungen des Unternehmens für die Zielsetzung zu erhalten oder Kontrollinstrumente und Ressourcen beurteilen zu können. Des Weiteren hätte für die Beurteilung des Erfolgs noch ein Vergleich zu einer ähnlichen crossmedialen Strategie eines öffentlich-rechtlichen Rundfunksenders (z. B. ZDF) stattfinden können. Eine ausführlichere Betrachtung wäre jedoch im Rahmen dieser Arbeit nicht möglich gewesen.

Insgesamt schafft es die Marke Weltspiegel mit seiner crossmedialen Strategie den Rezipienten über die überwiegend verschiedenen Online-Kanäle hinweg den ganzen Tag zu begleiten und hält somit die Aufmerksamkeit der Nutzer aufrecht. Besonders dabei ist, dass die Inhalte nicht eins zu eins übernommen werden, sondern zum Teil plattformspezifisch aufbereitet werden, so dass sich die Zielgruppe intensiver mit den jeweiligen Themen befasst und interaktiv mit der Marke Weltspiegel in den Dialog tritt. Somit werden über die jeweiligen Kanäle neue Zielgruppen erreicht und die Marke Weltspiegel kann ihre Reichweichte nicht nur qualitativ steigern, sondern auch die Konsumenten an die Marke binden. Durch die geschickte und plattformgerechte Nutzung hat es die Marke Weltspiegel geschafft, das lineare Fernsehen mit dem Medium Internet zu verbinden. Durch die crossmediale Strategie "bildstark, transparent, die lineare und digitale Welt verbindend"[83] ist es dem Format durchaus gelungen, eine etablierte Dachmarke zu aktualisieren und die wichtigen, internationalen Auslandsthematiken dank Social Media auch für eine jüngere Zielgruppe zugänglich zu machen.

---

[83] Vgl. ARD, 2019, Web.

Anhang

Anhang A

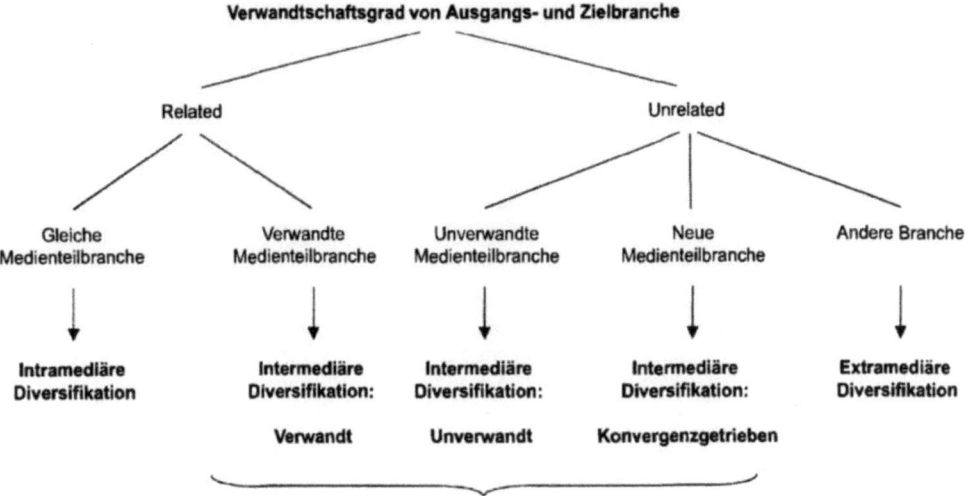

Abbildung 1: Systematisierung von Diversifikationsstrategien in Medienunternehmen

Quelle: Sjurts, 2002, S. 6.

Anhang B

*Anmerkung der Redaktion: Diese Abbildung wurde
aus urheberrechtlichen Gründen entfernt.*

Abbildung 2: Landesrundfunkanstalten und Spartenkanäle ARD
Quelle: WDR, o. J., S. 1.

Anhang C

Phasen	Agendasetting/ Sensibilisierung	Verbreitung/ Aktivierung	Emotionalisierung/ Interaktion	Vertiefung	Kauf
Ziele	- Interesse und Neugierde wecken	- Ganze Zielgruppe mit der Idee erreichen - Aufruf zum Engagement	- Sympathie schaffen - Dialog aufnehmen - Bindung aufbauen - Weiterempfehlung fördern	- Informationen vermitteln - Direkten Kontakt herstellen	- Abgeschlossene Transaktion - Bzw. Kunden binden
Schwerpunkt-Medien	- Earned Media	- Paid, Owned und Earned Media	- Owned Media	- Owned Media	
Häufigste Kanäle	- PR - Event - Social Media	- Werbung - PR - Social Media	- Event - Social Media	- Corporate Website	- Online-Shop - Geschäftsstelle

Abbildung 3: Übersicht der Phasen der Storyline

Quelle: Eigene Darstellung in Anlehnung an Matt, 2018, S. 184.

Anhang D

EU: Schweden
IN OR OUT?
EXIT
WELTSPIEGEL
EU: Schweden
Ihr dürft wieder raten:
Ist Minna pro ?
JA
NEJ

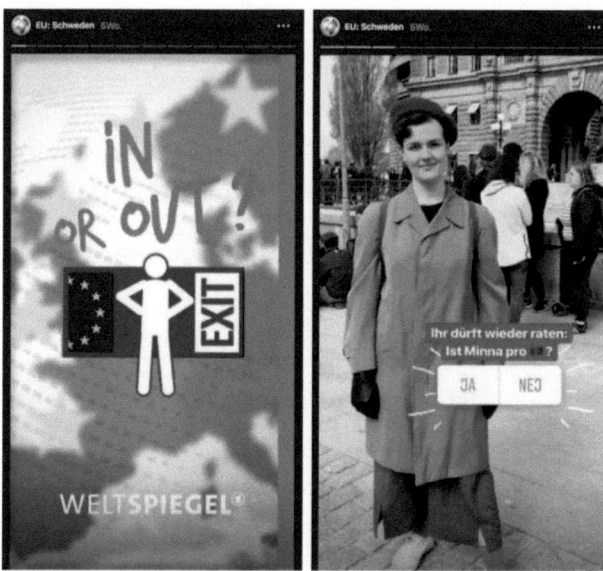

Abbildung 4: Weltspiegel Instagram Story EU: Schweden

Quelle: Weltspiegel, 2019e, Instagram online.

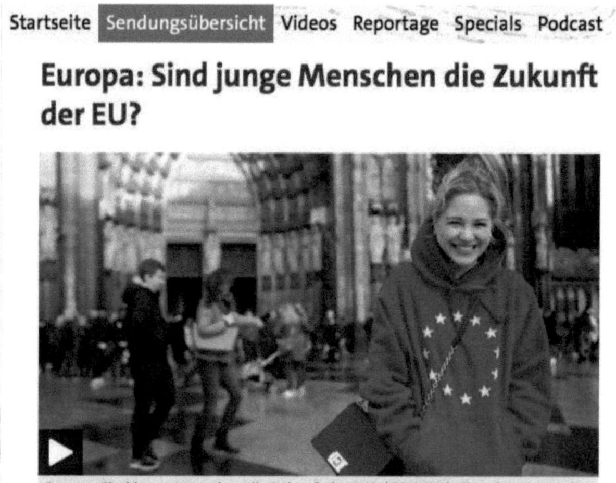

Startseite Sendungsübersicht Videos Reportage Specials Podcast
Europa: Sind junge Menschen die Zukunft der EU?
Europa: Sind junge Menschen die Zukunft der EU? | Bild: SR/Julia Lehmann und Tobias Seeger

Abbildung 5: Weltspiegel Beitrag vom 05.05.2019 in der ARD Mediathek

Quelle: ARD Mediathek, 2019a, Web.

Sind junge Menschen die Zukunft der EU? | Weltspiegel
Weltspiegel · 5176 Aufrufe · vor 1 Monat

Weltspiegel vom 5. Mai 2019 Bei der letzten Europawahl war die Wahlbeteiligung vor allem bei jungen Menschen erschreckend gering. Ist Europa bei der Jugend out? Wie erleben oder erleiden Jugendlic...

Abbildung 6: Weltspiegel Beitrag vom 05.05.2019 auf dem Weltspiegel YouTube Kanal

Quelle: Weltspiegel, 2019b, YouTube online.

Abbildung 7: Weltspiegel Beitrag vom 01.05.2019 auf dem Twitter Profil

Quelle: Weltspiegel, 2019a, Twitter online.

Abbildung 8: Weltspiegel Instagram Story zur Europawahl ‚Beweg(t) dich Europa(?)'

Quelle: Weltspiegel, 2019e, Instagram online.

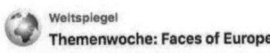

Weltspiegel
Themenwoche: Faces of Europe   ...

Themenwoche "Faces of Europe": In unserer Themenwoche zeigen wir Menschen, die aus ganz unterschiedlichen Gründen von der europäischen Idee begeistert oder aber mit der EU-Politik unzufrieden und für einen EU-Austritt sind. Heute: Aurélien aus Frankreich. Weniger anzeigen

👍 Gefällt mir   💬 Kommentieren   ↪ Teilen   🔵🟢😊 13 · 7 Kommentare

Abbildung 9: Weltspiegel Facebook Beitrag zur Themenwoche: ‚Faces of Europe'
Quelle: Weltspiegel, 2019d, Facebook online.

Weltspiegel-Podcast (18): Jugend in Europa

Für die einen ist Europa ein einmaliges Friedensprojekt – andere haben Angst um ihren Nationalstaat. Was sagen die dazu, die mit den heute gefällte Entscheidungen künftig leben werden? | video

Weltspiegel-Podast (18): Jugend in Europa

Abbildung 10: Weltspiegel-Podcast (18): ‚Jugend in Europa'
Quelle: ARD Mediathek, 2019c, Web.

Anhang E

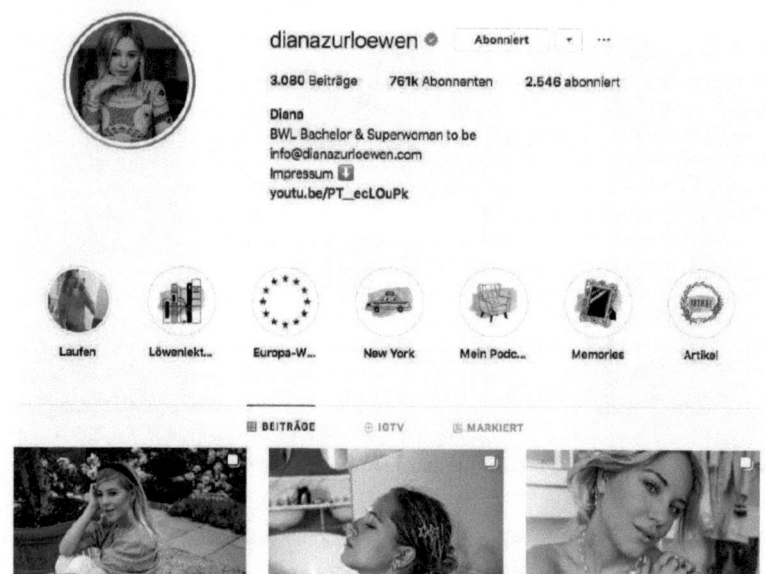

Abbildung 11: Instagram Profil @dianazurloewen
Quelle: Dianazurloewen, 2019a, Instagram online.

dianazurloewen ✓ • Abonniert ···

4Wo.   Antworten

Gefällt und
13.488 weitere Personen

6. MAI

Kommentar hinzufügen ...   Posten

das_erste   ···

dianazurloewen ✓ • Abonniert   ···

EUROPA WÄHLT

Europawahl –
der Jugend total egal?

dianazurloewen ✓ Instagram vs. Realität 😅
Wer von euch schaut eigentlich noch lineares Fernsehen? Ihr könnt mich heute um 22:45 im @das_erste sehen. Da bin ich Teil einer Doku, wo es um die junge Generation und Politik geht. Ihr könnt das Ganze natürlich auch online in der Mediathek anschauen. Das habe ich, die keinen Fernsehanschluss besitzt, auch schon getan 😅
Ps: Das Bild von mir hängt aktuell sogar vor dem Europa Parlament in Brüssel. VI. Haben es ein paar von euch sogar schon live gesehen 😅 ■

7Wo.

Gefällt und
13.488 weitere Personen

6. MAI

Kommentar hinzufügen ...   Posten

Abbildung 12: Instagram Post zur Europa Kampagne (@dianazurloewen)
Quelle: Dianazurloewen, 2019b, Instagram online.

Anhang F

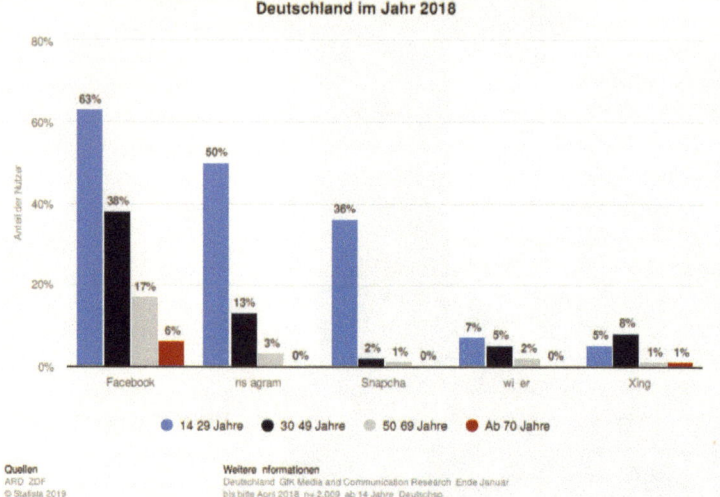

Abbildung 13: Anteil der Nutzer von Social-Media-Plattformen nach Alter
Quelle: ARD/ZDF, 2018, Web.

Literaturverzeichnis

Andrews, K. (1971): The concept of corporate strategy. Dow-Jones-Irwin, Homewood/III, Zwischenbericht 2001, Hamburg.

ARD (2015): Das Erste, Aufgabe und Funktion des öffentlich-rechtlichen Rundfunks/der ARD, https://daserste.ndr.de/ard_check/fragen/Aufgabe-und-Funktion-des-oeffentlich-rechtlichen-Rundfunks-der-ARD,antworten104.html (Abruf am 10.06.2019).

ARD (2017): Bericht der ARD, Auftrag und Strukturoptimierung des öffentlich-rechtlichen Rundfunks im digitalen Zeitalter, ARD (Hrsg.), https://www.ard.de/download/4365050/Bericht_der_ARD_an_die_Laender.pdf (Abruf 15.06.2019).

ARD (2017/2018): Bericht 2017/2018 und Leitlinien 2019/2020, Das Erste (Hrsg.), https://www.ard.de/download/682560/ARD_Bericht_2017_18_und__Leitlinien_2019_20_fuer_Das_Erste.pdf (Abruf am 10.06.2019).

ARD (2019): Das Erste, Weltspiegel, Specials, Weltspiegel gewinnt Crossmediapreis in der Kategorie TV, https://www.daserste.de/information/politik-weltgeschehen/weltspiegel/specials/preis-weltspiegel-crossmediale-programminnovationen-2018-100.html (Abruf am 10.06.2019).

ARD (2019a): Das Erste, Fernsehen, „Weltspiegel" mit neuem Design ins neue Jahr, https://www.daserste.de/specials/ueber-uns/weltspiegel-neues-design-100.html (Abruf am 16.06.2019).

ARD (2019b): Europas Jugend – Europas Zukunft? 07.05.2019, https://www.youtube.com/watch?v=o6rMOQ7NApg (Abruf am 20.06.2019).

ARD (2019c): Von der Jugend hängt es ab, ob die Idee Europa eine Zukunft hat ..., 06.05.2019, https://www.facebook.com/DasErste/videos/europas-jugend-europas-zukunft/608443209637814/ (Abruf am 20.06.2019).

ARD (2019d): Das Erste, Europawahl – Der Jugend ganz egal? 06.05.2019, https://www.instagram.com/p/BxH1T_2I7_E/ (Abruf am 20.06.2019).

ARD Mediathek (2019a): Das Erste, Weltspiegel, Video: Europa: Sind junge Menschen die Zukunft der EU? https://www.daserste.de/information/politik-weltgeschehen/weltspiegel/videos/europa-junge-menschen-zukunft-eu-video-100.html (Abruf am 20.06.2019).

ARD Mediathek (2019b): Das Erste, Weltspiegel, Die Themen der Sendung vom 05.05.2019, https://www.daserste.de/information/politik-weltgeschehen/weltspiegel/sendung/weltspiegel-3006.html (Abruf am 20.06.2019).

ARD Mediathek (2019c): Das Erste, Weltspiegel, Video: Weltspiegel-Podcast (18): Jugend in Europa, https://www.daserste.de/information/politik-weltgeschehen/weltspiegel/videos/weltspiegel-podcast-18-jugend-in-europa-100.html (Abruf am 20.06.2019).

ARD Mediathek (2019d): Das Erste, Reportage & Dokumentation, Video: Europas Jugend – Europas Zukunft? https://www.daserste.de/information/reportage-dokumentation/dokus/videos/europas-jugend-europas-zukunft-video-100.html (Abruf am 20.06.2019).

ARD/ZDF (2018): Anteil der Nutzer von Social-Media-Plattformen nach Alter in Deutschland 2018, in Statista – Das Statistik Portal, https://de.statista.com/statistik/daten/studie/543605/umfrage/verteilung-der-nutzer-von-social-media-plattformen-nach-altersgruppen-in-deutschland/ (Abruf am 22.06.2019).

Boenigk, M.; Stalder, U. (2014): Die sechs Erfolgsfaktoren bei crossmedialen Kampagnen, In: Marketing & Kommunikation 8/14.

Bruhn, M. (2006): Integrierte Kommunikation in den deutschsprachigen Ländern: Bestandsaufnahme in Deutschland, Österreich und der Schweiz, Wiesbaden.

Buhrow, T. (2014): Zeit Online, Öffentlich-rechtliche Sender, Jetzt brauchen wir ein neues Programm, https://www.zeit.de/2014/50/oeffentlich-rechtliche-sender-neues-programm-tom-buhrow (Abruf am 22.06.2019).

Dianazurloewen (2019a): Dianazurloewen, Startseite Feed, https://www.instagram.com/dianazurloewen/ (Abruf am 22.06.2019).

Dianazurloewen (2019b): Dianazurloewen, Instagram Post zur Europa Kampagne, https://www.instagram.com/p/BxIWCieg2rw/ (Abruf am 22.06.2019).

Die ARD (2019): Das Erste, Organisation, Die Korrespondenten der ARD, http://www.ard.de/home/die-ard/organisation/Auslandsstudios_der_ARD/365446/index.html (Abruf am 16.06.2019).

Englert, M. (2002): Cross-Media Branding. Die Mediale Markenfamilie führen, in: Müller-Kalthoff, B. (Hrsg.): Cross-Media Management. Content-Strategien erfolgreich umsetzen, 1. Aufl., Heidelberg, S. 203-225.

Hoffjann, O. (2018): Crossmedialität in der Unternehmenskommunikation. Chancen, Barrieren und Lösungen, in: Otto, K.; Köhler, A. (Hrsg.): Crossmedialität im Journalismus und in der Unternehmenskommunikation, Wiesbaden, S. 17-43.

Jakubetz, C. (2012): Der Unterschied zwischen Cross- und Multimedia, In: Michitsch, C.; Goutrié, I. Wuschig (Hrsg.): Think CROSS Change Media, Crossmedia im Jahr 2012. Eine Standortbestimmung, Nordstedt, S. 51-57.

Kollmann, T. (Hrsg.) (2005): Gabler Kompakt-Lexikon. Unternehmensgründung, Wiesbaden.

Kolo, C. (2013): Implementierung von Wachstumsstrategien in Zeiten des Medienwandels, In: Schneider, M. (Hrsg.): Management von Medienunternehmen, Digitale Innovationen – crossmediale Strategien, Springer Gabler Verlag.

Mahrdt, N. (2009): Crossmedia. Werbekampagnen erfolgreich planen und umsetzten, Wiesbaden.

Matt, D. (2018): Crossmedia-Kampagnen: Analyse von Inhalten und Dramaturgie als Treiber viraler Verbreitung anhand von drei Fallstudien, in: Otto, K.; Köhler, A. (Hrsg.): Crossmedialität im Journalismus und in der Unternehmenskommunikation, Wiesbaden, S. 173-205.

Meier, K. (2007): „Cross Media": Konsequenzen für den Journalismus, Aufsatz S. 350-364, Heft 4, (Abrufdatum: 08.06.2019) https://www.nomos-elibrary.de/10.5771/0010-3497-2007-4-350/cross-media-konsequenzen-fuer-den-journalismus-jahrgang-40-2007-heft-4.

Naik, P.A., Peters, K. (2009): A Hierachical Marketing Communications Model of Online and Offline Media Synergies. Journal of Interactive Marketing Vol. 23, P. 288-299.

Piepenbrink, J. (2009): Öffentlich-rechtlicher Rundfunk, Editorial, Aus Politik und Zeitgeschichte, http://www.bpb.de/apuz/32154/editorial (Abruf am 12.06.2019).

Radtke, S. (2010): Strategisches Management von etablierten Fernsehsendern im Digitalen Zeitalter. Ein ressourcen- und fähigkeitsbasierter Ansatz, 1. Aufl., Wiesbaden.

Rasch, A. (2000): Erfolgspotential Instandhaltung. Theoretische Untersuchung und Entwurf eines ganzheitlichen Instandhaltungsmanagements, Berlin.

Rödiger, T. (2015): On Story. So setzten Sie Strategien erfolgreich um, Wiesbaden.

Rondinella, G. (2019): Horizont, Europawahl, Divimove entwickelt erste Influencer-Kampagne für EU-Parlament, https://www.horizont.net/marketing/nachrichten/europawahl-eu-parlament-entwickelt-erste-influencer-kampagne-174444 (Abruf am 22.06.2019:

Schneider, M.; Ermes, C. (2013): Management von Medienunternehmen zwischen Konvergenz und Crossmedia, in: Schneider, M. (Hrsg.): Management von Medienunternehmen. Digitale Innovationen – crossmediale Strategien, Wiesbaden, S. 9-29.

Schüller, J. (2015): Innovationsmanagement für TV-Unternehmen. Implikationen crossmedialer Contentkreationen für Organisationen und Personalwirtschaft, Wiesbaden.

Schultz, D. E., Block, M. P., Raman, K. (2012): Understanding Consumer-Created Cedia Cynergy. Journal of Marketing Communications Vol. 18, P. 173-187.

Schüür-Langkau, A. (2014): Wie Crossmedia-Kampagnen erfolgreich werden, https://www.springerprofessional.de/marketing---vertrieb/marketingstrategie/wie-crossmedia-kampagnen-erfolgreich-werden/6597956 (Abruf am 16.06.2019).

Sjurts, I. (2002): Cross-Media-Strategien in der deutschen Medienbranche. Eine ökonomische Analyse zu Varianten und Erfolgsaussichten, in: Müller-Kalthoff, B. (Hrsg.):

Cross-Media Management. Content-Strategien erfolgreich umsetzen, 1. Aufl., Heidelberg, S. 3-19.

Sjurts, I. (2011): Gabler Lexikon Medienwirtschaft, 2. aktualisierte und erweiterte Aufl., Wiesbaden.

WDR (2019): Unser Programm für die Europawahl 2019, In: print – Das Magazin der WDR, WDR (Hrsg.), https://www1.wdr.de/unternehmen/der-wdr/serviceangebot/services/print/wdr-print-mai-2019-102.pdf. (Abruf am 20.06.2019).

WDR (o. J.): Infotext: Das duale Rundfunksystem, WDR (Hrsg.), https://www1.wdr.de/unternehmen/der-wdr/medienundbildung/duales_rundfunksystem_infotext100.pdf (Abruf am 05.06.2019).

Weltspiegel (2019a): Weltspiegel: Themenwoche Jugend in Europa..., 01.05.2019, https://twitter.com/Weltspiegel_ARD/status/1123530270219669504/video/1 (Abruf am 20.06.2019).

Weltspiegel (2019b): Weltspiegel: Sind junge Menschen die Zukunft der EU? 09.05.2019, https://www.youtube.com/watch?v=u5JzKqVC9Es, (Abruf am 20.06.2019).

Weltspiegel (2019c): Weltspiegel: Podcast zur Themenwoche Jugend in Europa .., 05.05.2019, https://twitter.com/search?q=weltspiegel%20jugend%20in%20europa&src=typd (Abruf am 20.06.2019).

Weltspiegel (2019d): Weltspiegel: Themenwoche Jugend in Europa..., 29.04.2019, https://www.facebook.com/Weltspiegel/posts/themenwoche-jugend-in-europa-seit-32-jahren-gibt-es-das-erasmus-programm-rund-45/10157006836158886/ (Abruf am 20.06.2019).

Weltspiegel (2019e): Weltspiegel: Story Highlight Schweden ‚In or Out?', 23.05.2019, https://www.instagram.com/stories/highlights/18050398150102197/ (Abruf am 20.06.2019).

Weltspiegel (2019f): Weltspiegel: Bei der letzten Europawahl ..., 05.05.2019, https://www.facebook.com/Weltspiegel/photos/bei-der-letzten-europawahl-sind-nur-knapp-ein-drittel-der-wahlberechtigten-unter/10157023242578886/ (Abruf 20.06.2019).

Weltspiegel (2019g): Weltspiegel: Bei der vergangenen Europawahl war die Wahlbeteiligung vor allem bei jungen Menschen erschreckend gering ..., 07.05.2019, https://de-de.facebook.com/Weltspiegel/posts/bei-der-vergangenen-europawahl-war-die-wahlbeteiligung-vor-allem-bei-jungen-mens/10157025900683886/ (Abrufdatum: 20.06.2019).

Wille, K. (2017): Medienpolitik, Rundfunk, Digitale Revolution: Zeitwende, https://www.medienpolitik.net/2017/01/rundfunk-revolution-zeitenwende/ (Abruf am 22.06.2019).

Wirtz, B. W. (2000): Rekonfigurationsstrategien und multiple Kundenbindung in multimedialen Informations- und Kommunikationsmärkten, In: Zeitschrift für betriebswirtschaftliche Forschung (ZfbF), 52. Jg., Nr. 5.

Wirtz, B. W. (2016): Medien- und Internetmanagement, 9. Auflage, Springer Gabler Verlag.